JEAN CALVIN

La diffusion de la Réforme protestante

Par Aude Cirier

50MINUTES.fr

JEAN CALVIN

INTRODUCTION

Jean Calvin incarne l'une des principales figures de la Réforme qui modifie le visage religieux de l'Europe au XVIe siècle. Prédicateur talentueux et auteur de la somme théologique protestante par excellence, *l'Institution de la religion chrétienne*, Calvin est l'un des principaux propagateurs du protestantisme inspiré des premières thèses de Martin Luther (1483-1546). Il consacre toute sa vie à l'établissement d'un mode de vie et de pensée conforme aux Écritures. Écrivain de talent, il sait jouer avec les mots pour adapter ses discours au public visé, et innove en traduisant l'intégralité de ses traités latins en français afin d'en assurer une plus vaste diffusion.

Organisateur de la Réforme, il œuvre à la mise en place de l'Église de Genève, dans un premier temps, puis des Églises réformées en Europe. Il participe ainsi aux débats politiques de l'époque, notamment en ce qui concerne la séparation des pouvoirs de l'Église et de l'État. Si son influence est incontestable et son autorité reconnue, Calvin n'obtient cependant pas tous les suffrages et est confronté à de multiples réactions hostiles.

INFORMATIONS CLÉS

- **Naissance ?** Le 10 juillet 1509 à Noyon (France).
- **Mort ?** Le 27 mai 1564 à Genève.
- **Apports principaux ?** La mise en place de l'Église réformée (ministères, catéchisme et liturgie), ainsi que la restructuration du système éducatif. Par les mesures qu'il parvient à faire prendre aux dirigeants des villes, Calvin impose une discipline morale stricte. Sa principale innovation est d'avoir su formuler et transmettre en français les bases d'une nouvelle orthodoxie chrétienne, mais également d'avoir diffusé une théologie réformée dans l'ensemble de l'Europe.

BIOGRAPHIE

LES ANNÉES DE FORMATION

Fils de Gérard Cauvin (mort en 1531) et de Jeanne Le Franc (morte vers 1515), Jean Cauvin – qui transformera son nom en Calvin – naît dans une famille liée à l'évêché de Noyon. Son père – qui sera finalement chassé et excommunié en 1528 – y occupe plusieurs postes administratifs et destine son fils à une carrière ecclésiastique. Il obtient ainsi de l'évêché de Noyon des bénéfices (l'équivalent de bourses) qui permettent à Jean Calvin de suivre à Paris un premier cycle d'études à la faculté des arts, dont les cours sont dispensés aux collèges de la Marche (à l'automne 1520) et de Montaigu (1521-1525), où il obtient le baccalauréat et une maîtrise des arts. Le jeune homme poursuit ensuite son cursus à la faculté de droit à Orléans (vers 1526), puis à Bourges (vers 1529-1530), deux universités extrêmement réputées dans lesquelles il reçoit les enseignements de grands professeurs, tels que Pierre de l'Étoile (vers 1480-1537) et André Alciat (1492-1550).

Ces années d'apprentissage marquent Calvin de manière indélébile : la rigueur juridique conditionne sa pensée de façon remarquable et il suit les cours de grec de Melchior Wolmar (1497-1561), un adepte des nouvelles doctrines de Martin Luther. Ce dernier a publié en 1517 à Wittenberg ses 95 thèses contre les indulgences, texte fondateur de la Réforme. À l'issue de ses études de droit – il est licencié ès lois en février 1532 –, Calvin achève son cursus en s'orientant vers l'étude de la littérature antique. Il rédige un commentaire du *De Clementia* de Sénèque (4 av. J-C.-65 apr. J.-C.), publié la même année à Paris et à Orléans (1532).

DES ÉTUDES CLASSIQUES À LA CONVERSION

Contrairement aux autres grands réformateurs de l'époque, Calvin n'étudie pas la théologie à l'université, de même qu'il n'exerce aucune charge religieuse puisqu'il n'est, à aucun moment, ordonné par l'Église catholique. Il entame, au terme de sa formation, une carrière d'enseignant qu'il commence au collège du Fortet.

Sa conversion a lieu au cours des années 1533-1534. Plus qu'une révélation, il s'agit surtout d'un long processus de « maturation de sa pensée » (« Introduction », in *Œuvres*, Paris, Gallimard, Bibliothèque de la Pléiade, 2010, p. XIV). En novembre 1533, il participe à la rédaction d'un discours donné par Nicolas Cop, le recteur de l'université de Paris. Consacré aux Béatitudes (Matthieu, 5), cet exposé n'est en réalité qu'un prétexte pour dénoncer les persécutions dont les nouveaux réformateurs sont victimes. Recherché, Calvin fuit Paris et sillonne incognito les routes de France, passant notamment par Angoulême et Poitiers, avant de quitter le royaume. Le 4 mai 1534, il officialise sa rupture avec l'Église romaine en renonçant à ses bénéfices ecclésiastiques. Il voyage et rejoint Bâle à la fin de l'année.

Déclic ou pas, ces événements marquent un tournant dans son étude des textes. L'Antiquité gréco-latine laisse désormais place aux textes chrétiens. Son premier traité, écrit en 1534, aborde la question du sommeil des âmes entre la mort et le Jugement dernier, un sujet qu'il étayera et reprendra sous le titre de *Psychopannychia* (*Le*

Sommeil des âmes, 1542). Il entame également la rédaction de la première version de sa *Christianae religionis institutio*, publiée à Bâle en mars 1536, sa future *Institution de la religion chrétienne*.

LA PREMIÈRE VIE GENEVOISE DE CALVIN

En juillet 1536, tandis qu'il se dirige vers Bâle, il s'arrête pour la nuit à Genève. Sous l'impulsion de Guillaume Farel (1489-1565), évangélisateur de la Suisse (l'actuelle Suisse romande) depuis 1524, le conseil de la ville a affirmé, en mai, son adhésion à la Réforme en abolissant une partie des rites catholiques (la messe) et en plaçant l'Écriture sainte au-dessus de tout. Farel supplie alors Calvin de rester pour procéder à l'évangélisation de Genève : « [Farel] vint jusqu'à une imprécation, qu'il plût à Dieu de maudire mon repos et la tranquillité d'études que je cherchais, si en une si grande nécessité je me retirais et refusais de donner secours et aide », confie-t-il (« Préface aux Commentaires des Psaumes », in *Œuvres*, p. 114). D'abord nommé à l'automne 1536 lecteur en la sainte Écriture, c'est-à-dire enseignant, il devient pasteur de l'Église de Genève quelques mois plus tard. À ses côtés, on trouve Mathurin Cordier (1479 ou 1484-1564), grand pédagogue et ancien professeur de Calvin au collège de la Marche, lui aussi gagné par les idées de la Réforme.

Cette nomination entraîne un changement de statut pour Calvin : il a désormais en charge la cure des âmes d'une population hétérogène, dont il va falloir assurer l'éducation. La simplification de son message est indispensable et, surtout, il doit adopter le français comme langue d'expression, et abandonner le dialecte local. Il rédige à cet effet une Instruction de foi dont on use en l'Église de Genève, suivie d'une Confession de foi écrite par Farel. Deux ans plus tard, jugés trop zélés et trop stricts, et parce qu'ils refusent une trop grande tutelle de l'État sur l'Église – s'opposant ainsi à une partie du conseil de la ville mené par les libertins, soucieux de conserver un pouvoir laïc fort après l'émancipation de la tutelle du prince-évêque de Genève –, Farel et Calvin sont chassés de la ville à Pâques 1538, tandis que Cordier part pour Neuchâtel.

À STRASBOURG, CALVIN DEVIENT THÉOLOGIEN

À l'été 1538, Calvin accepte l'invitation d'un réformateur alsacien, Martin Bucer (1491-1551). Il s'installe alors à Strasbourg, où il devient le pasteur et le professeur d'une école (appelée le gymnase) fondée la même année par Jean Sturm (1507-1589), qui entend appliquer une nouvelle pédagogie : ce dernier instaure notamment un système de classes nettement séparées, des examens périodiques et des promotions. Au gymnase, Calvin fréquente des humanistes et des réformateurs, parmi lesquels Wolfgang Capiton (1478-1541). Il reprend par ailleurs l'étude des textes bibliques, rédige de nombreux commentaires sur l'Ancien et le Nouveau Testament, et étoffe son *Institutio* dont il livre une deuxième édition en 1539. Son but est clair : « Préparer et former à l'étude de l'Écriture sainte les candidats à la théologie sacrée de telle sorte qu'ils puissent y avoir un accès facile et y progresser sans encombre. » (Jean Calvin cité dans Gilmont (Jean-François), *Bibliotheca Calviniana. Écrits théologiques, littéraires et juridiques : les œuvres de Jean Calvin publiées au XVIe siècle*, Genève, Droz, 1991-2000, n°39/4)

UN NOUVEL ÉLAN
POUR LA RÉFORME

Les tensions politico-religieuses qui secouent Genève au début de l'année 1540 et la pression exercée par l'évêque de Carpentras, Jacques Sadolet (1477-1547), pour que la ville réintègre l'obédience romaine, poussent les Genevois à rappeler Calvin, qu'ils considèrent comme le seul capable de défendre leurs intérêts. L'ancien paria n'y arrive qu'en septembre 1541, avec Idelette de Bure, veuve et mère de deux enfants, qu'il a épousée en août 1540 et qui décèdera le 29 mars 1549. Il restera à Genève jusqu'à sa mort en 1564.

Au tournant des années 1541-1542, l'essentiel de la Réforme, répandue par Calvin, est en place. Le prédicateur consacre essentiellement le reste de sa vie à l'étude des textes bibliques et rédige plus de 250 sermons par an. Il participe également à la formation des ministres du culte en créant en 1559 l'Académie de Genève, des hommes du Consistoire (c'est-à-dire du conseil réunissant pasteurs, anciens et magistrats, chargés de veiller à la bonne tenue morale et religieuse de la communauté) et du Conseil de la ville afin d'encourager l'application d'une ligne de conduite conforme aux principes édictés.

Après avoir dicté son testament le 26 avril 1564, il reçoit les conseillers de la cité ainsi que ses collègues de la Compagnie des pasteurs et prononce deux discours d'adieu. Il meurt le 27 mai 1564 et est inhumé selon les dispositions prévues par la Réforme, c'est-à-dire sans pompe aucune, à Plainpalais.

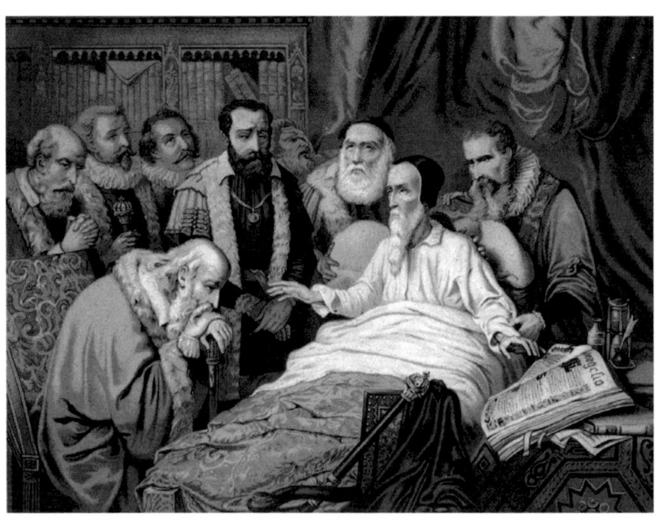

Les Derniers Instants de Calvin.

LA MISE EN PLACE DE LA RÉFORME

L'ACTION FONDATRICE DE LUTHER

Le 31 octobre 1517, Martin Luther, prieur du couvent de Saint-Augustin à Wittenberg depuis 1512, fait afficher sur les murs de la ville ses 95 thèses contre les indulgences.

LES INDULGENCES

Depuis la fin du XIe siècle, l'Église romaine accorde des indulgences, sorte d'allègement de la pénitence pour ceux qui participent physiquement, par le biais du pèlerinage ou de la croisade, ou financièrement à une œuvre pieuse. L'indulgence plénière, à partir du XIIIe siècle, dégage non seulement de la peine, mais aussi de la faute. Or, pour Luther, le salut est une grâce de Dieu, qui pardonne à l'homme pécheur, en raison des souffrances du Christ crucifié.

Le 15 juin 1520, les propositions de Luther sont officiellement condamnées par la bulle *Exsurge Domine* (« Dresse-toi Seigneur ») émise par le pape Léon X (1475-1521). La réaction de Luther ne se fait pas attendre : il se révolte et brûle publiquement la lettre le 10 décembre. Il est excommunié quelques semaines plus tard, le 23 janvier 1521. Il organise alors la vie des communautés qui adoptent ses idées.

L'ADOPTION DE LA RÉFORME ET L'ARRIVÉE DE CALVIN

Le mouvement de Réforme, ou Réformation, que Luther initie a des répercussions jusqu'en France. Si, en mars 1525, une offensive de la Sorbonne (c'est-à-dire de la faculté de théologie de Paris) est lancée contre les luthériens, à Zurich s'installe la première communauté évangélique. La Réforme essaime et d'autres communautés émergent comme à Bâle en 1527. Ailleurs, en signe de ralliement au nouveau mouvement, la messe est abolie : c'est le cas notamment à Berne en 1528 et à Strasbourg un an plus tard. La Réforme est adoptée dans plusieurs villes, par exemple à Neuchâtel (1530) ou encore à Genève, sous l'impulsion de Guillaume Farel, mandaté par les Bernois réformés. Le 1er janvier 1533, le prêcheur Antoine Froment (vers 1509-1581) prononce le premier sermon réformé sur la place du Molard. Deux ans plus tard, le 10 août 1535, le conseil des Deux-Cents – la nouvelle institution mise en place par la commune, après le départ du dernier prince-évêque de la ville – suspend la messe. Enfin, le Conseil général ratifie l'adoption de la Réforme le 21 mai 1536.

C'est dans ces circonstances que Calvin arrive à Genève pour la première fois, en juillet 1536. Il est immédiatement impliqué dans les affaires de réformation : avec Farel, il participe à la Dispute de Lausanne du 1er au 8 octobre, qui aboutit à l'édit du 19 octobre scellant définitivement le ralliement de la ville à la Réforme.

UNE RÉFORME PLURALISTE

Il convient de préciser que le mouvement de Réforme n'est pas univoque et qu'il emprunte plusieurs voies, ne se conformant pas uniquement à la doctrine édictée par Luther. D'autres réformateurs, comme Thomas Münzer (vers 1489-1525) ou Ulrich Zwingli (1484-1531), qui jouent un rôle fondamental dans l'émancipation religieuse de la tutelle romaine d'une partie de l'Europe, défendent parfois des idées un peu différentes. Le pluralisme doctrinal entraîne alors, au sein même du mouvement, d'amples débats, voire de véritables dissensions sur des questions théologiques précises : c'est par exemple le cas entre Luther et Zwingli qui, un temps côte à côte, se déchirent autour du problème de l'eucharistie lors de leur rencontre à Marburg en 1529.

L'AFFAIRE DES PLACARDS (OCTOBRE 1534)

En Europe, les réactions face au mouvement réformateur ne sont pas unanimes : si la Réforme est acceptée dans plusieurs villes de Suisse et du Saint Empire romain germanique, elle ne l'est pas dans le royaume de France.

Les 17 et 18 octobre 1534, des placards contre la messe sont affichés dans les villes françaises, dont Paris, et provoquent tumultes et répressions contre les luthériens. Dans les semaines qui suivent, Calvin quitte Paris pour Bâle, où il s'installe en janvier 1535. À Paris, la répression gronde, et le pasteur de Neuchâtel Antoine Marcourt (vers 1485-1561) diffuse son *Petit traité sur l'eucharistie* qui reprend les propos des placards contre la messe. Le roi François Ier (1494-1547) fait diriger une procession expiatoire ; plusieurs luthériens sont exécutés en février de la même année. Les réformés repentis sont amnistiés le 16 juillet 1535 par l'édit de Coucy.

AU CŒUR DE L'ACTION CALVINIENNE : ENSEIGNER, LUTTER ET ORGANISER

L'ÉPÎTRE AU ROI : DÉNONCER POUR ORGANISER

À la suite de l'affaire des Placards, Calvin adresse à François Ier une épître dans laquelle il expose clairement son intention (« mon propos était d'enseigner les rudiments ») et fait l'apologie de la doctrine protestante, qui est celle de la parole de Dieu. Son exposé se fonde sur le *Petit Catéchisme* de Luther (publié en 1529) et tient en six points :

- La Loi, explication du Décalogue ;
- La foi, explication du Crédo ;
- La prière, explication de l'oraison dominicale ;
- Les sacrements (baptême et cène) ;

auxquels s'ajoutent un chapitre sur ce que les réformés appellent les faux sacrements (confirmation, pénitence, extrême-onction, ordre et mariage), ainsi qu'une partie sur la liberté chrétienne (c'est-à-dire le rapport entre l'Église et l'État). Ce texte constituera la préface de l'ouvrage le plus important de Calvin, l'*Institutio*, qui, étoffé, deviendra l'*Institution de la religion chrétienne*.

LA SOMME THÉOLOGIQUE CALVINIENNE : L'INSTITUTION DE LA RELIGION CHRÉTIENNE

Lors de son séjour à Strasbourg, Calvin retravaille la première version de l'*Institutio Christianae religionis* afin de livrer une somme théologique plus complète, qui paraît en 1539, augmentée de commentaires bibliques. Celle-ci constitue l'ensemble du programme d'éducation religieuse que Calvin entend dispenser et faire dispenser par les ministres du culte.

L'innovation de Calvin réside dans l'ouverture du public visé : s'adressant non seulement aux ministres du culte, il cherche également à atteindre les communautés. C'est pourquoi il traduit dès 1541 son texte en français, incluant dans sa traduction une somme de piété ainsi que presque tout ce qu'il est nécessaire de connaître sur la doctrine du salut. Calvin relève ici un grand défi puisque c'est la première fois que les doctrines essentielles de la foi chrétienne sont exposées en français. Il brave ainsi l'interdiction formulée en 1526 par le Parlement français portant sur la lecture et la possession de livres de la Sainte Écriture traduits en français.

La publication de l'Institution élève Calvin, jusqu'alors professeur, au rang de théologien qui s'adresse à un vaste public francophone et français. Il complète son programme avec une somme de commentaires bibliques.

Un livre sans cesse augmenté

Calvin publie plusieurs versions du texte de *l'Institution de la religion chrétienne*. Il le remanie et l'augmente sans cesse, jusqu'aux éditions latine et française de 1559-1560. Le texte définitif comporte 80 chapitres répartis en quatre livres :

- *Dieu comme créateur et gouverneur du monde* (théologie, au sens de doctrine de Dieu) ;

- *Dieu comme rédempteur en Jésus-Christ* (christologie, doctrine de l'être et de l'œuvre du Christ) ;

- *Les Modalités de participation à la grâce de Jésus-Christ* (pneumatologie, doctrine du Saint-Esprit) ;

- *Les Moyens extérieurs par lesquels les fidèles sont unis au Christ* (ecclésiologie, doctrine de l'Église).

DE LA DOCTRINE À L'APPLICATION : L'ORGANISATION DE L'ÉGLISE DE GENÈVE

De retour à Genève en 1541, Calvin est réintégré dans ses fonctions pastorales et demande l'autorisation de « mettre en ordre l'Église de Genève ». Il rédige alors trois textes fondamentaux :

- les *Ordonnances ecclésiastiques* (adoptées le 20 novembre 1541) ;
- la *Forme des prières et chants ecclésiastiques avec la manière d'administrer les Sacrements, et*

consacrer le Mariage, selon la coutume de l'Église ancienne (publiée en février/mars 1542) ;
* le *Catéchisme* (dont la première version est également publiée en février/mars 1542).

Son but est simple : doter l'Église nouvelle des structures ecclésiastiques nécessaires à son organisation, selon le dogme réformé consistant à « vivre selon l'Évangile ». La nouvelle structure ecclésiastique repose sur quatre piliers, quatre ministères :

* les pasteurs chargés du culte ;
* les docteurs chargés de l'enseignement ;
* les diacres chargés des malades et de la répartition des aumônes ;
* les anciens qui, choisis parmi les membres de la communauté, sont, avec les magistrats et les pasteurs, en charge de l'application de la discipline au sein de la communauté.

Réduire le nombre de sacrements

Calvin, par les différentes dispositions qu'il met en place, opte volontairement pour une désacralisation de la vie spirituelle. Là où le catholicisme compte sept sacrements (baptême, eucharistie, confirmation, mariage, extrême-onction, sacrement aux malades et ordination), l'Église réformée n'en compte plus que deux : le baptême et la Cène. D'après le théologien, seuls ces deux rites sont effectués par Jésus-Christ et clairement attestés dans le Nouveau Testament.

LA FONDATION DE L'ACADÉMIE DE GENÈVE (1559)

Lorsqu'il est rappelé à Genève en 1541, fort de son expérience pédagogique à Strasbourg et de ce qu'il a vu à Lausanne, Calvin place immédiatement la question de l'enseignement sur la liste des priorités. Dans le projet des *Ordonnances ecclésiastiques*, formulées la même année, il fait préciser que :

« L'office propre des docteurs est d'enseigner les fidèles en saine doctrine, afin que la pureté de l'Évangile ne soit corrompue ou par ignorance ou par mauvaises opinions [...] mais pour ce qu'on ne peut profiter en telles leçons que premièrement on ne soit instruit aux langues et sciences humaines et aussi est besoin de susciter de la semence pour le temps à venir, afin de ne laisser l'Église déserte à nos enfants, il faudra dresser collège pour instruire les enfants, afin de les préparer tant au ministère qu'au gouvernement civil. » (CO 10, 1re partie, c. 21, cité par BORGEAUD (Charles), *Histoire de l'université de Genève*, tome 1, Genève, Georges & co, 1900, p. 29)

La suite du texte prévoit l'attribution d'un lieu pour dispenser l'enseignement. Établissant un plan idéal, inspiré de l'expérience strasbourgeoise de Sturm et aidé de Mathurin Cordier – resté enseigner à Neuchâtel en dépit de l'insistance de son ancien élève à le rejoindre pour le seconder –, Calvin voit cependant son projet freiné par les autorités de la ville, bien décidées à ne pas donner blanc-seing au réformateur en matière éducative. Le souvenir de son exil de 1538 et des raisons qui l'ont motivé sont encore dans les esprits. Un premier collège, dit collège de Rive, est alors institué et sa direction est confiée à Sébastien Castellion (1515-1563), que Calvin connaît depuis son exil strasbourgeois et auquel il s'oppose régulièrement.

Pendant plus de 15 ans, Calvin attend que la

situation politique genevoise s'apaise et que le parti qui s'oppose à lui soit défait. À peine cela arrive-t-il, en février 1555, qu'il reprend ses projets. Mais il lui faut attendre – cette fois à cause de problèmes de politique extérieure – le 17 janvier 1558 pour que les membres du Conseil « visitent le lieu qui leur paraîtra le meilleur pour faire un collège » (Archives de Genève, registre du Conseil, cité dans *Histoire de l'université de Genève, op. cit.*, p. 34). L'importance d'une telle fondation est rapidement comprise par l'ensemble de la population. Aux 200 000 florins de budget annuel alloués au projet s'ajoutent dons et legs en provenance des plus humbles comme des plus aisés, de Genevois comme d'étrangers. Le collège de Calvin (également appelé Académie de Genève) peut alors exister sous la forme d'un établissement d'instruction et d'enseignement supérieur. S'inspirant du modèle de Sturm à Strasbourg (qui reçoit le titre d'académie), Calvin s'adresse aux plus grands professeurs de l'époque : Jean Mercier, hébraïsant, qui occupe alors une chaire de lecteur royal dans ce qui deviendra le Collège de France, ou encore Théodore de Bèze (1519-1605), professeur de grec réputé, qui sera désigné comme le continuateur de Calvin à sa mort.

CALVIN, UN HOMME DE LUTTES

En dépit de l'influence qu'il exerce, Calvin n'est pas homme politique – d'ailleurs, il ne disposera du droit de vote à l'Assemblée générale annuelle qu'en 1559, lorsqu'il sera élevé au rang de bourgeois de la ville. Si Calvin intervient lors des séances du Conseil de Genève, ses avis ne sont pas unanimement suivis, et ce même en matière religieuse. Son éviction de Genève en 1538 témoigne de l'opposition que son projet de réforme en profondeur de la société suscite. Théologien, commentateur biblique et organisateur d'Église, Calvin se place néanmoins sur tous les fronts pour transmettre et imposer le message de Dieu.

Contre l'Église de Rome, les papistes

Au cœur même de la Réforme, l'opposition à l'Église de Rome constitue l'une des principales actions de Calvin. Réfuter l'idée que seule l'Église détient l'autorité et la capacité de juger dans tout ce qui relève de la doctrine et de la foi constitue pour le réformateur un moyen de s'opposer à la mainmise absolue de Rome sur l'ensemble du monde chrétien. D'une part, il rédige, en latin car s'adressant aux ecclésiastiques, de nombreux écrits dans lesquels il dénonce et réfute les articles de la foi publiés par la faculté de théologie de Paris, et s'oppose aux propositions du concile de Trente (dont la première session s'achève en 1547) en publiant en 1547-1548 sa version des *Actes du concile de Trente*, avec le remède contre le poison (c'est-à-dire contre l'hérésie ou toute forme de doctrine à l'encontre de ce qu'édicté les textes du concile). D'autre part, il s'adresse au peuple « dévoyé à l'Église de Rome », et expose de manière plus simple quelques principes doctrinaux, déjà énumérés dans *l'Institution de la religion chrétienne*.

Ainsi rédige-t-il une série de traités que l'on peut qualifier de polémiques et pour lesquels il use d'un ton frivole, voire de la dérision. Son but est en effet de toucher un public incapable de saisir tous les enjeux des débats théologiques. S'insurgeant notamment contre les abus perpétrés par le clergé catholique (débauche, indulgences, etc.), Calvin rédige plusieurs textes en choisissant un thème secondaire, mais concret, dont il espère que le message central – à défaut d'être pleinement perçu – ouvrira l'esprit des lecteurs et des auditeurs. L'un des plus connus, *l'Avertissement sur les reliques*, paraît en 1543 et dénonce le recours abusif de l'Église romaine aux reliques de saints et de martyrs vénérées par les fidèles pour les miracles qui se produiraient à leur contact. Aussi dénonce-t-il, sous forme de moquerie, l'inauthenticité des objets de vénération ou leur multiplicité – tandis que certaines reliques devraient être uniques, il n'évoque pas moins de sept suaires ou encore trois prépuces du Christ recensés par la chrétienté. En cela, Calvin n'innove pas : saint Augustin, évêque d'Hippone au Ve siècle, avait déjà mis en doute l'authenticité des reliques en circulation à son époque. Mais c'est en utilisant ce thème pour condamner Rome qu'il se montre original : « Quand tout cela sera considéré, que saurait-on dire autre chose sinon que tout cela a été controuvé pour abuser le simple peuple ? Et de fait les cafards, tant prêtres que moines, confessent bien que ainsi est, en les appelant pias fraudes, c'est-à-dire, des tromperies honnêtes, pour émouvoir le peuple à dévotion. » « Quel sacrilège est-ce d'abuser ainsi du nom de Jésus-Christ, pour couvrir des fables tant froidement forgées ? », demande-t-il encore. Il multiplie les exemples à foison : « Il y avait bien une dévotion et zèle tel quel d'augmenter la Chrétienté. Mais si on leur eût montré des crottes de chèvres et qu'on eût dit : voilà des patenôtres [des chapelets] de notre Dame, ils les eussent adorées sans contredit. » Et de conclure en avertissant le lecteur :

> « Ainsi en est-il des reliques. Tout y est si brouillé et confus, qu'on ne saurait adorer les os d'un martyr, que on ne soit en danger d'adorer les os de quelque brigand ou larron, ou bien d'un âne, ou d'un chien, ou d'un cheval. On ne saurait adorer un anneau de Notre Dame, ou un sien peigne ou ceinture, qu'on ne soit en danger d'adorer les bagues de quelque paillarde [i.e. prostituée]. Pourtant, se garde du danger qui voudra. Car nul dorénavant ne pourra prétendre excuse d'ignorance. »
>
> (« Avertissement sur les reliques », in *Œuvres, op. cit.*, p. 397, 408, 410 et 434)

Une orthodoxie doctrinale en proie aux dissensions

Les papistes ne sont pas les seuls à s'attirer les foudres du réformateur. Calvin trouve également un certain nombre d'opposants dans son propre camp.

Parmi ceux-ci, citons Sébastien Castellion, rencontré à Strasbourg en 1540. Un an plus tard, Castellion est nommé directeur du collège de

Rive à sa fondation tout en poursuivant, dans la campagne environnante de Genève, son travail de prédication. C'est à cette époque que les premières tensions apparaissent : d'une part, Castellion, convaincu, à l'instar de Calvin, qu'il faut éduquer les populations, préconise un accès plus simple à la Bible. Il en propose alors une nouvelle traduction dans une langue populaire. Mais Calvin, qui confère à la Bible une supériorité absolue et qui, pour cette raison, dote sa propre traduction de la plus pure des langues possibles, en empêche la publication jusqu'en 1555. D'autre part, les deux hommes s'affrontent également sur des aspects plus théologiques : la canonicité du Cantique des cantiques – que Castellion définit comme étant impudique, affirmant qu'il ne saurait dès lors émaner de l'Esprit saint – ou encore l'interprétation de la descente aux Enfers. Enfin, Castellion insiste largement sur l'opacité de certains passages de la Bible, ce qui laisse le champ libre à des interprétations multiples, parfois éloignées de celles édictées par Calvin dans l'*Institution de la religion chrétienne*. Les désaccords que Castellion manifeste avec la doctrine calvinienne ont raison de sa demande d'accession au pastorat de Genève. Au début de l'année 1544, la Compagnie des pasteurs de Genève n'entérine pas la nomination de Castellion comme pasteur pourtant approuvée par le Conseil de la ville. Celui-ci démissionne alors et quitte la ville. C'est au moment de l'affaire Michel Servet, en 1553-1554, que l'hostilité entre les deux hommes devient frontale et se règle par traités interposés.

L'Affaire Servet

En janvier 1553, un médecin théologien espagnol, Michel Servet (1511-1553), fait imprimer la *Christianismi Restitutio* (*Restitution du christianisme*) dans laquelle, il nie notamment le dogme de la Trinité, s'opposant ainsi à la fois aux catholiques et aux réformés. Depuis 1545, il adresse régulièrement à Calvin des fragments de ses textes et cherche à l'interroger sur plusieurs points théologiques. Accusé d'hérésie, il est traduit en justice dès le mois de mars à Vienne, où il subit l'inquisition du moine dominicain Mathieu Ory (vers 1482-1557). Il est emprisonné le 4 avril, mais il parvient à s'échapper et la condamnation au feu, pour hérésie, qui le frappe est prononcée par contumace. Servet se rend alors à Genève où il est arrêté le 13 août sur dénonciation de Calvin. Afin de verrouiller l'orthodoxie calvinienne, les autorités civiles et ecclésiastiques genevoises condamnent l'Espagnol et sa doctrine. C'est une nouvelle occasion de reconnaître au texte de l'*Institution de la religion chrétienne* sa valeur référentielle en matière théologique et de rappeler qu'il convient de s'y conformer. Servet est supplicié à Genève le 27 octobre et ses ouvrages sont brûlés en décembre.

Dès l'arrestation de Servet, une opposition venant des penseurs et des théologiens réformés de Bâle se fait entendre. Insistant sur la difficulté d'interprétation des passages obscurs de la Bible, les Bâlois, menés par Sébastien Castellion, réprouvent l'intolérance dogmatique de Calvin, modérant la portée des propos tenus par des ignorants, étrangers aux considérations théologiques trop poussées, qui interprèteraient mal l'Écriture. Calvin, qui voit là une invitation à la dissidence, publie à la hâte une Déclaration pour maintenir la vraie foi. Il y dresse un réquisitoire contre les idées hérétiques véhiculées par Servet et plaide en faveur de l'élargissement des pouvoirs des magistrats, en terre réformée, à condamner à mort les hérétiques. Les réactions sont immédiates et font naître plusieurs polémiques. D'une part, Castellion prône la liberté de conscience et s'oppose à l'usage de la violence en matière religieuse. Pendant deux ans, Calvin et Bèze affrontent Castellion – à qui l'on doit la formule « Tuer un homme, ce n'est pas défendre une doctrine, c'est tuer un homme » – par pamphlets interposés. D'autre part, la condamnation de Servet soulève, à Genève, l'urgence à définir les compétences respectives des ministres et des magistrats, notamment en matière d'excommunication et d'exécution des hérétiques.

Jérôme Bolsec (vers 1524-1584), médecin, ancien carmélite passé au protestantisme et membre de l'Église genevoise, figure également parmi les détracteurs de Calvin. À deux reprises (le 15 mai et le 16 octobre 1551), il critique publiquement l'enseignement de Calvin sur la prédestination. Or, à Genève à cette époque, il est de bon ton de ne pas mettre en cause les fondements de la doctrine commune, garante de la cohésion sociale, et surtout de ne pas contester les bases de la doctrine calvinienne. Bolsec est alors traduit en justice et condamné au bannissement dès le 22 décembre. Afin de contenir les troubles et de couper court à une contestation doctrinale naissante, le 9 novembre 1552, le Conseil de la ville reconnaît que *l'Institution de la religion chrétienne* de Calvin « [est] bien et saintement fait et [que] sa doctrine [est] sainte doctrine de Dieu et que l'on tient [Calvin] pour bon et vrai ministre de cette cité » (*CO 21*, c. 525).

LE MOUVEMENT RÉFORMÉ À L'ÉCHELLE EUROPÉENNE ET SES CONSÉQUENCES

VERS UNE POLITIQUE RÉFORMÉE COMMUNE ET LA RUPTURE AVEC LES LUTHÉRIENS

Avec Heinrich Bullinger (1504-1575), successeur de Zwingli à la tête de l'Église de Zürich, Calvin élabore l'Accord de Zurich (*Consensus Tigurinus*) entre 1547 et 1549. Ce texte définit l'alignement des positions des Églises réformées des deux villes sur la question des sacrements et fonde, en dépit de quelques divergences, la politique réformée en Europe. Sur la question de la Cène, ce texte sanctionne la rupture définitive avec les luthériens, dont le chef, Martin Luther, s'était opposé à Zwingli sur la question de l'interprétation eucharistique. Invités par Martin Bucer à trouver un compromis, Bullinger et Calvin cherchent pendant deux ans à établir une alliance durable entre leurs Églises et leurs villes, alliance qu'ils entendent élargir au plus grand nombre de villes de Suisse alémanique et romande. À l'issue de nombreux échanges, le texte est finalisé en août 1549. Diffusé auprès des alliés, l'Accord paraît en 1551. Si l'unité est au cœur de cette démarche, il n'en reste pas moins que des voix s'élèvent contre elle : ainsi Calvin répond fermement, dans un texte intitulé Brève résolution sur les sacrements (1555), tout en faisant preuve de diplomatie et de pédagogie afin d'être entendu, au pasteur luthérien hambourgeois Joachim Westphal (1510-1574), dont les traités dénoncent un désaccord profond avec le contenu du consensus. La rupture entre les luthériens et les réformés est définitivement consommée.

LA RÉACTION DE L'ÉGLISE CATHOLIQUE

La mise en place d'une censure systématique et la réaffirmation des principes de la foi

Dès la circulation des premiers écrits luthériens (à partir de 1521), la faculté de théologie de Paris est chargée d'examiner les ouvrages portés à l'attention des docteurs dont le contenu est susceptible d'être condamnable car non conforme à la doctrine catholique. Face à la multiplication des expériences jugées hérétiques et à la profusion d'ouvrages subversifs, la Sorbonne rédige le 2 mars 1542 un premier catalogue (non imprimé) des livres censurés qui regroupe plus d'une soixantaine de titres. À côté de ce travail de censure, les théologiens dressent une liste de 26 articles de la foi par lesquels ils réaffirment la position de l'Église catholique sur de nombreux points (confession auriculaire, sacrement de pénitence, prières, pèlerinages, purgatoire, etc.) et placent les réformés dans la catégorie des hérétiques. Approuvés par les théologiens en mars 1543, ces articles sont ratifiés par le roi François Ier et publiés à partir du 23 juillet.

Quant à la publication du premier catalogue des ouvrages censurés, elle a lieu en août 1544 à Paris. Cette fois, 233 titres sont mis à l'index, dont un certain nombre, rédigés en français, proviennent de Genève – les textes de Calvin en font évidemment partie. La même année, ce dernier rédige un *Avertissement sur la censure qu'ont faite les Bêtes de Sorbonne touchant les livres qu'ils appellent hérétiques*, dans lequel il attaque notamment la prise de position des théologiens contre les traductions en langue vernaculaire des Écritures. Il répond par ailleurs aux *Articles de la foi de la faculté de théologie* dans un autre pamphlet intitulé *Articles de la sacrée faculté de théologie de Paris concernant notre foi et religion chrétienne et forme de prêcher, avec le remède contre le poison* (1544).

Le concile de Trente et la situation du Saint Empire germanique

Convoqué par le pape Paul III (1468-1549) en 1545 dans un contexte international agité – le Saint Empire romain germanique dirigé par Charles Quint (1500-1558) est en guerre contre François Ier –, un concile se réunit en vue de rétablir l'unité chrétienne, de réaffirmer la doctrine catholique – et par là de réfuter point par point les thèses protestantes – et de contrecarrer l'expansion de la Réforme. En 1548, face à la montée du protestantisme dans l'Empire et aux désordres politiques qui en résultent, Charles Quint promulgue pour sa part des *Interims* (Augsbourg,

15 mai, puis Leipzig, en décembre), c'est-à-dire des compromis doctrinaux et ecclésiastiques, dans l'attente d'une résolution plus universelle supposée émaner du concile de Trente. Mais c'est finalement la paix d'Augsbourg, en septembre 1555, qui met temporairement un terme aux hostilités entre princes catholiques et princes protestants, désormais libres de choisir leur obédience selon le principe « *cujus regio, cujus religio* » (« *tel prince, telle religion* »).

Suspendu en 1552, le concile de Trente est rouvert en 1562, à la demande du pape Pie IV (1499-1565), notamment en raison de l'avancée remarquable du calvinisme dans une partie de l'Occident. Véritable coupure entre l'Église médiévale et l'Église des temps classiques, comme le souligne l'historienne Régine Pernoud, le concile de Trente marque, par l'affirmation dogmatique qui y est énoncée, la rupture définitive entre la papauté et les églises protestantes.

LA NAISSANCE D'UN RÉSEAU D'ÉGLISES RÉFORMÉES ET SES CONSÉQUENCES

Après la défaite des libertins à Genève en février 1555, Calvin, soutenu par une majorité politique stable, peut désormais mettre activement en place son programme ecclésiastique à Genève, mais, surtout, il peut l'étendre à l'ensemble de l'Europe. Grâce à l'envoi de prédicateurs choisis par la Compagnie des pasteurs genevois, il tisse et organise un réseau d'églises locales autonomes, « plantées » (lorsqu'elles sont implantées) et « dressées » (lorsqu'un consistoire, un conseil, y est établi). Si la première église réformée apparaît en France en 1555, c'est à partir de 1557 que le mouvement essaime véritablement : des communautés s'implantent durablement en Écosse, en Angleterre, en Pologne, en Europe centrale, ainsi que dans de nombreuses villes de l'Empire.

Toutefois, en France, les mesures de répression à l'encontre des réformés, désignés hérétiques, se renforcent avec la promulgation de l'édit de Chateaubriand (27 juin 1551). Le pouvoir pense ainsi parvenir à endiguer le mouvement qui ne cesse, pourtant, de gagner des adeptes. Des rassemblements réformés ont lieu au Pré-aux-Clercs, à Paris, du 13 au 19 mai 1558 ; l'année suivante, en mai, se tient le premier synode des Églises réformées où sont adoptées une Discipline ecclésiastique ainsi qu'une Confession de foi qui sera présentée au roi de France en 1560. Débute alors la période funeste des guerres de Religion.

EN RÉSUMÉ

1509
10 juil. : Naissance de Jean Calvin

1517
Martin Luther publie ses 95 thèses

1533-1534
Jean calvin se convertit aux idées de la Réforme

1536
**Jean Calvin est ordonné pasteur de l'Église de Genève
Publication *Christianae religionis institutio* en latin**

1538
Jean Calvin est chassé de Genève

1541
Jean Calvin retourne à Genève

1555
Apparition de la première église réformée en France

1559
Jean Calvin fonde son collège à Genève

1559-1560
Publication de l'*Institution de la religion chrétienne* en français

1564
27 mai : Mort de Jean Calvin

- Catholique et formé aux études classiques, Calvin n'est en rien prédestiné à devenir un pionnier de la Réforme. C'est à Paris que ce Picard entre en contact avec les thèses luthériennes. Dès les premières persécutions perpétrées à l'encontre des réformés, il prend parti pour dénoncer les faits. Il doit alors fuir la capitale et gagne la Suisse au gré de rencontres fortuites.

- À Genève, où il s'établit une première fois en 1536, avec l'aide de Guillaume Farel (évangélisateur de la Suisse), il met en place les premiers codes pour diffuser la parole réformée auprès des populations, pour qui il adapte son langage. S'opposant à une partie du Conseil de la ville encline à conserver un pouvoir laïc fort, Calvin est chassé en 1538.

- Accueilli à Strasbourg, il devient professeur et consacre une grande partie de son activité à l'étude des textes bibliques. D'abord péda-gogue, il devient ensuite théologien et prédi-cateur. Il édicte une doctrine nouvelle, plaçant Dieu et les Écritures au-dessus de tout, dont les termes seront consignés dans la somme théologique à laquelle il travaille toute sa vie : *l'Institution de la religion chrétienne.*

- De retour à Genève en 1541, Calvin organise l'Église de la ville autour d'ordonnances ecclé-siastiques, d'un recueil de prières et de chants, ainsi que d'un catéchisme, manuel de la foi à l'usage des populations. Il veille à ce que la nouvelle structure ecclésiastique soit pourvue de piliers solides, et prévoit la formation des pasteurs, des futurs théologiens et des civils en charge de l'application de la discipline.

- La diffusion et le succès de son message re-posent essentiellement sur deux choses : d'une part, l'accessibilité de son discours, adapté aux différents publics tant par le contenu que par la langue employée (il est l'un des premiers à donner une version vernaculaire de la Bible et à traduire systématiquement ses traités et ses commentaires du latin) ; d'autre part, la fréquence de ses sermons et de ses prêches, donnés avec un indéniable talent oratoire. Ses ouvrages figurent parmi les titres censurés par la faculté de théologie de Paris, et la papauté, consciente de la menace protestante incarnée, notamment, par Calvin, tente, par le biais du concile de Trente, de rétablir l'unité chrétienne.

- Considéré à un moment-clé de l'histoire genevoise comme le défenseur des intérêts de la ville, Calvin n'en est pas pour autant plénipotentiaire. S'il est entendu lors du Conseil de la ville, ses avis ne sont pas systématiquement suivis. Politiquement critiqué et jugé trop strict, il fait l'objet de nombreuses attaques : dès la fin du XVIᵉ siècle apparaît la légende noire du « méchant » Calvin, intransigeant, que certains auteurs, tel Stefan Zweig, reprendront au XXᵉ siècle.

- Prédicateur fin et théologien de haute volée, il parvient à tisser un véritable réseau d'églises locales, autonomes, inspirant de nouveaux

prédicateurs qui reprendront et diffuseront
son message au-delà des terres germaniques
et suisses.

POUR ALLER PLUS LOIN

SOURCES BIBLIOGRAPHIQUES

- CALVIN (Jean), *Œuvres*, édition de Francis Higman et de Bernard Roussel, Paris, Gallimard, coll. « Bibliothèque de la Pléiade », 2009.

- BORGEAUD (Charles), *Histoire de l'université de Genève*, Genève, Georges & co, 1900.

- *Oxford Encyclopedia of the Reformation*, édition de Hans J. Hildebrand, New York et Oxford, Oxford University Press, 1996.

- *Une journée dans la vie de Calvin*, catalogue de l'exposition du musée international de la Réforme (24 avril-1er novembre 2009), Genève, Musée de la Réforme, 2009.

- RIES (Julien), CLÉMENT (Olivier) et SULLIVAN (LAWRENCE E.), *Le grand livre des religions*, Arles, Éditions du Rouergue, 2007.

SOURCES COMPLÉMENTAIRES

- CALVIN (Jean), *Œuvres choisies*, édition d'Olivier Millet, Paris, Gallimard, coll. « Folio classique », 1995.

- COTTERET (Bernard), *Calvin. Biographie*, Paris, J.-C. Lattès, 1995.

- CROUZET (Denis), *Jean Calvin. Vies parallèles*, Paris, Fayard, 2000.

- ENGAMMARE (Max), « Organisation du temps et discipline horaire chez Calvin et à Genève au XVIe siècle », Paris, Bibliothèque de l'École des chartes, 157, 1999, p. 341-355.

- GILMONT (Jean-François), *Jean Calvin et le livre imprimé*, Genève, Droz, 1997.

- MOUTON (Jean-Luc), *Calvin*, Paris, Gallimard, coll. « Folio biographie », 2009.

SOURCE ICONOGRAPHIQUE

- *Les Derniers Instants de Calvin*. La photo reproduite est réputée libre de droits.

LITTÉRATURE ET DOCUMENTAIRE

- ZWEIG (Stefan), *Conscience contre violence, ou Castellion contre Calvin*, Grasset, 1946 (pour la traduction française ; parution originale en 1936).

- *Jean Calvin (1509-1564). Portrait sensible*, documentaire réalisé par Caroline Reussner, République tchèque, 2004.

BÂTIMENT COMMÉMORATIF ET MUSÉE

- Musée Jean Calvin, à Noyon, sis à l'emplacement de la maison natale du réformateur. Y sont conservées quelques pièces originales comme les placards contre la messe (1534), un exemplaire de la Bible d'Olivétan (1535), une édition originale de l'*Institution* de 1536, et bien d'autres encore.
- Monument international de la Réformation, à Genève, inauguré en 1909, sculpté par Paul Landowky. On y trouve quatre statues monumentales de cinq mètres chacune, représentant Jean Calvin, Guillaume Farel, Théodore de Bèze et John Knox.

Votre avis nous intéresse !
Laissez un commentaire sur le site de votre
librairie en ligne et partagez vos coups de cœur sur
les réseaux sociaux !

ISBN ebook : 978-2-8062-5479-5
ISBN papier : 978-2-8062-5657-7
Dépôt légal : D/2015/12603/180
Photo de couverture : *Jean Calvin*, portrait attribué à Hans Holbein. Image réputée libre de droits.

Conception numérique : Primento, le partenaire numérique des éditeurs